LE GRAND ŒUVRE

Le Grand Oeuvre

Photographies
des grands travaux/1860-1900

Introduction
par Jean Desjours

Légendes par Bertrand Lemoine

Cet ouvrage est publié par
le Centre National de la Photographie avec
le concours du Ministère de la Culture

Cet ouvrage a été réalisé à l'occasion de l'exposition Photo Génie
présentée à l'Ecole Nationale Supérieure des Beaux Arts
par le Centre National de la Photographie avec
la collaboration de l'Ecole Nationale des Ponts et Chaussées
et la participation de la Fondation Kodak-Pathé.

Légende de la couverture :
Anonyme.
Travaux de construction du pont Alexandre III.
Paris, 1887-1900.

Imprimé en France/Printed in France.

"LE MONDE VEUT ETRE VU"[1]

Lorsqu'en 1839, à la suite des recherches de Niépce, Daguerre révèle son procédé de photographie, le daguerréotype, et que le gouvernement lui achète sa découverte pour la "donner au monde", il n'innove pas seulement par la technique ; il apporte à l'image, à la représentation, les chances d'un renouvellement dont nous sommes aujourd'hui encore redevables et dépendants. Peu après, Hippolyte Bayard et W.H. Fox Talbot font connaître leurs procédés sur papier et introduisent avec l'usage du négatif, la possibilité d'une reproduction quasi-illimitée de l'image obtenue dans la chambre noire, sans autre intervention que le jeu direct de la lumière. Découvrir, au milieu du 19ᵉ siècle, que la conjugaison d'un phénomène optique (la formation de l'image par une lentille) et d'une particularité chimique (la sensibilité des sels d'argent à la lumière) peut conduire à piéger, littéralement, la réalité, sous forme d'une image plane fidèle à toutes les variations de tons, n'est pas vraiment le fruit d'un hasard. C'est plutôt l'affaire de la logique interne d'une époque vouée à la montée de la technologie. Dès l'abord, la photographie est perçue comme le produit d'une machine ; non un art dû à la dextérité manuelle de l'homme, mais une production mystérieuse, aux résonnances éventuellement diaboliques, fabriquée par une mécanique adéquatement étudiée. La machinerie est alors omniprésente : c'est en 1837 que s'ouvrait la ligne de chemin de fer Paris-Saint-Germain-en-Laye et, entre 1850 et 1880, période des grands développements de la photographie, les voies ferroviaires exploitées en France passaient de 2 000 à 24 000 kilomètres. C'est aussi l'époque des percées d'Haussmann dans les années 1860, la construction de l'Opéra, de la tour Eiffel en 1889 ou même de la statue de la Liberté, édifiée à Paris avant d'être transportée à New York.

(1) G. Bachelard, "Les nymphéas ou les surprises d'une aube d'été", Verve, décembre 1952.

Voilà donc la photographie et la technologie liées pour un temps par le même destin de progrès, par la simultanéité d'un développement conjoint qui suppose une série d'étapes laborieuses aujourd'hui bien oubliées. C'est que, de la photographie, nous ne voulons plus voir que des images dénuées de leur utilité première, et de la technologie, nous avons fait notre vision quotidienne. Le paysage modelé par le siècle dernier, à force de routes, de ponts, de canaux, de rails, est notre environnement "naturel" de la ville comme de la campagne, intégré à notre poétique des formes tout autant que les arbres, les rivières et les prés.

Ce monde dont l'esthétique nous est devenue familière a fini par être vu, lui aussi. La photographie paraît naturellement sortie tout armée de cet engendrement technique et elle n'a eu de cesse de montrer ce monde, de le traduire, de l'accepter pour nous. Et elle nous a donné aussi, comme en sus de tous ses pouvoirs, l'image émouvante de ces archétypes naissants, de leur processus d'édification ; un état incertain entre l'absence et l'achèvement, encore vibrant des aléas des premiers pas, une manière de preuve que cela a bien *eu lieu*.

La photographie rapporte en effet les modalités d'une naissance, la certitude d'un état des formes à un certain moment, et l'assurance de son insertion dans le monde naturel. Elle introduit, dans ce milieu du 19ᵉ siècle, à un nouveau mode de représentation. C'est l'évidence en ce qui concerne le portrait (de la pose artistique de Nadar ou Adam-Salomon à la carte de visite popularisée par Disdéri), le paysage (des marines lumineuses de Le Gray aux montagnes de Bisson), le reportage, en ses débuts timides (La Guerre de Crimée par Fenton) ou plus acerbe (La Commune de Paris). Mais on connaît moins une certaine photographie documentaire, sans tapage, sans effet, peu vendue dans les boutiques d'estampes du Second Empire. C'est en quelque sorte une photographie "d'ingénieur", bien qu'elle soit évidemment pratiquée par des photographes professionnels qui se doivent de connaître tous les arcanes de sa technique lourde, complexe, minutieuse.

La société industrielle a ainsi engendré de nouveaux personnages : les ingénieurs (concepteurs qui ne sont plus seulement des experts de cabinet ou d'administration, mais des hommes de terrain), les constructeurs, les contremaîtres.

Et l'ingénieur-dessinateur qui, au 18ᵉ siècle, se plaisait à aquareller ses relevés, qui donnait à graver ou lithographier, au début du 19ᵉ siècle, l'état final de son œuvre de pierre, est maintenant, vers 1870, un technicien affairé à collectionner une documentation photographique sur son savoir-faire, à diffuser une information sur les étapes d'un chantier, sur les avantages d'une pratique novatrice. Il fait appel à un photographe, "homme de l'art", un parfait artisan qui sait "rendre compte", à la demande. L'Ecole des Ponts et Chaussées, créée en 1747 a, par exemple, acquis pendant tout le 18ᵉ siècle des dessins et modèles pour l'éducation de ses ingénieurs ; puis, vers 1820, des collections lithographiques plus maniables et moins précieuses, qu'elle publie ensuite en recueils (à l'occasion, entre autres, des Expositions Universelles, grandes vitrines du progrès, dont la première eu lieu à Londres en 1851). C'est en 1857 que l'Ecole s'avise d'introduire pour ses élèves un enseignement de la photographie, confié à l'un de ces "primitifs" inspirés, Louis Robert, par ailleurs chef d'atelier à la manufacture de Sèvres. Davanne, auteur d'un *Traité théorique et pratique de la Photographie* (1886) et de *La Photographie appliquée aux Sciences* (1881) lui succède en 1872. Cet enseignement se maintiendra tant que la photographie restera une nouveauté utile aux élèves ; il sera supprimé en 1911. Parallèlement, le fonds s'enrichit périodiquement de dépôts ou d'achats d'albums photographiques, d'ensembles documentaires constitués à l'occasion d'expositions, ou plus simplement de vues éparses des multiples réalisations sur l'ensemble du territoire, commandées dans un but pédagogique par les ingénieurs, à l'intention des diverses administrations ou pour les techniciens de rang supérieur. Cette profusion aboutit, par exemple, à la compilation de Léonce Reynaud, *Les Travaux Publics de la France* en 5 volumes de planches en phototypie (Ed. Rothschild, 1883). Si les traités, les pamphlets, les nombreux textes techniques de l'époque (Disdéri, Mayer et Pierson, Davanne, Ken, Lacan, Figuier, etc.) sont assez bavards sur les diverses applications de la photographie au grandiose devenir de l'homme (astronomie, biologie, archéologie, conservation des informations et des documents anciens), on n'y trouve pas de mention détaillée de ce qui s'appellerait aujourd'hui la photographie industrielle. Delamotte, avec le transfert et la reconstruction du Crystal Palace à Sydenham (1852-1854), Baldus avec ses albums des chemins de fer du Nord (1855) et du P.L.M. (1859) avaient ouvert,

dans un registre lyrique, ce domaine du document technologique ; bien d'autres photographes l'ont abordé, comme
Bisson frères, Marville ou Pierre Petit. Mais il faudra dire
maintenant le parti-pris méthodique, novateur, de ceux qui
semblent s'être spécialisés dans ce type de représentation,
les Collard (qui se qualifie de Photographe des Ponts et
Chaussées) ou Durandelle, et tous ceux qui opéraient en pro-
vince avec une technicité remarquable, et nous étonnent par
leurs images : Terpereau (Bordeaux), Gustave (Anvers), de
Mauny (Boulogne-sur-Mer), Victoire (Lyon)... Leur œuvre est
l'équivalent des grandes missions photographiques ferroviaires des Etats-Unis, des années 60 et 70, auxquelles partici-
pent Jackson, Muybridge, O'Sullivan, Russell. Nos petits maî-
tres méconnus photographient notre Amérique, notre ruée
vers l'Ouest. Tout un monde qui veut être vu.

On a trop insisté au 19ᵉ siècle sur le spectaculaire de la
photographie, une certaine forme d'appropriation totali-
taire : reproduire les tableaux, les monuments, donner un fac-
similé monochrome du monde, se faire le témoin de l'expansion colonialiste. On avait oublié ce qui allait de soi, le tout-
simplement documentaire, la photographie de commande,
du "c'était comme ça à ce moment là", non démonstrative, non
spéculative. Ce n'est pas un genre à part, il n'en est pas même
question dans les traités. Et pourtant, c'est ici que la photographie prend toute sa signification de "monstration". Et la modernité s'est peut-être logée là, sans le dire, dans le regard que
Durandelle, Collard ou Gustave portent sur un échafaudage
ou un pont métallique. La modernité est à la fois dans le sujet
traité, la technologie en expansion, l'étonnement de la
prouesse, et dans la manière de montrer, de construire une
image qui sait parler ce langage moderne. La photographie
est si multiple, appliquée à se faire une raison des richesses
occultées de la réalité, qu'elle s'est finalement absentée des
débats. Accusée d'être le produit d'une machine et de n'avoir
par conséquent que le strict pouvoir de la reproduction, parfaitement exacte mais dénuée d'âme, elle a été reléguée dans
une argumentation "photographie-contre-peinture" qui cher-
che à conserver l'ordre établi. L'interrogation primordiale qui
surgit dans cet affrontement factice, souvent à l'insu des pro-
tagonistes de l'époque, ne peut être cernée que par la mise en
cause de la fonction des images, et de l'énigme de la représentation qu'illustrent par ailleurs le Réalisme et l'Impression-

nisme en peinture. Et la photographie, loin des arguties, existe bien et manifeste son indépendance par sa seule spécificité technique. Ainsi la photographie au collodion sur plaque de verre, entre 1855 et 1880, avec de grandes chambres noires de format 30 x 40 en moyenne, à la pose longue, dont on fait la mise au point sur un dépoli où l'image apparaît à l'envers, cette photographie, cette technique, avait son mot à dire sur les choses vues. En même temps que Manet, Seurat, Cézanne, et même un peu avant eux, elle a su conquérir son propre champ d'expression. Notre connaissance pléthorique de l'image nous incite à voir, d'un jour nouveau, cette production marginale ; peut-être à la découvrir. Il est un temps pour la prise de vue, prise en charge du monde qui veut être vu, et il est un temps pour la lecture. Finalement, l'univers technologique, confiant, parfois naïf, n'a pas été occulté par l'image. On le connaît certes mieux par la gravure sur métal ou bois, ou l'illustration lithographique des revues de la fin du siècle ; la plupart sont des copies de photographies que les techniques d'impression ne permettaient pas de reproduire telles quelles en grand nombre. La matière originale existe, plus vraie, plus sensuelle, parfaitement lisible. Les ponts, les phares, les canaux, les poutrelles, les étais, les cintres ont une réalité indiscutable chez Collard, Marville et autres...

Mais n'imaginons pas que notre lecture ne soit pas orientée. Il y a un au-delà des images, d'autres visions possibles, des sens cachés qui n'y sont pas présents, que nous seuls véhiculons. La photographie d'un pont devient alors un support d'interprétation pour notre imaginaire, une sonde en notre direction. La photographie, même en ces temps apparemment reculés, est le produit d'un regard qui possède pleinement son autonomie interprétative ; elle est ouverte "aux combinaisons de l'esprit" (Disderi) [1]. Le format, le champ, le cadrage, le point de vue définissent une forme globale qui a sa vie propre ; et Durandelle peut se passionner, en toute ingénuité, pour les équivoques d'obliques et de verticales, pour les lignes de fuite, les robustes échafaudages de bois ou les frêles treillis métalliques. Il rend compte et s'exprime en un seul geste. Les jeux du blanc et du noir sont un puzzle indéfini, subtilement mouvant, que chacun reconstruit à sa façon. Lorsque Monet, parlant de sa quête d'une peinture atmosphérique, des ambiances climatiques et lumineuses, reproduit, dit-il, "ce qu'il y

(1) *L'art de la photographie Paris, 1862, p. 20.*

a entre le motif et moi", il a cette même intention de se reconnaître comme un intermédiaire et un traducteur, au second degré, de ce qu'il voit.

Mais, la vérité confondante de la photographie, son "autorité de l'évidence" (Disderi), c'est aussi la place qu'elle fait à l'homme, ou plutôt à la silhouette humaine, signe graphique immédiatement identifié, codifié, gratifié d'un sens et d'une confraternité par notre regard attentif. Car on remarquera que la plupart de ces photographies technologiques nous regardent aussi ou qu'elles contiennent un regard médiateur en d'infinies variations. Nous regardons celui qui regarde le pont, ou celui qui fixe un autre horizon, ou celui qui semble absent de l'action scénique. La figure humaine n'est pas seulement une échelle dimensionnelle ou un premier plan facile, ni une présence allégorique, elle forme masse et donne à ces photographies leur vrai sens de témoignage. Pour la cérémonie que constitue la prise de vue photographique, les ouvriers ont dû interrompre le travail, prendre une pose naturelle ou ostentatoire, se faire signes alphabétiques, étendards, statues – colonnes des cathédrales, éléments d'un langage primaire à décrypter. Il faut les avoir "vus".

Chacun a son histoire, son rôle, sa situation sociale, parfois inscrite dans son attitude, son vêtement, son chapeau; traces qu'il faudrait savoir lire. Manœuvres, contremaîtres en haut-de-forme, constructeurs-chefs d'entreprise, parfois même habitants des alentours, sont là, témoins de la coalition du labeur et du progrès, formes graphiques qui s'agglutinent à la géométrie technologique ou se découpent fièrement sur le ciel.

Plus encore : tels qu'ils sont photographiés par Marville, Collard ou Durandelle, les chantiers sont des scènes théâtrales saisies dans leur évolution dramatique; ce sont des lieux de création bien particuliers où ce qui sert à édifier l'ouvrage a le même degré de pureté et de fascination que l'édifice achevé : échafaudage, machineries de levage, grues de la Tour Eiffel, piliers du Comptoir d'Escompte, cintres de bois des ponts, etc... La rupture temporelle de la photographie induit la sensation d'un accomplissement et d'une perfection. L'inachevé, l'intermédiaire devient œuvre en soi, comme sortie des blessures de la terre malmenée, assemblage métaphorique bravant la logique immédiate du végétal et du minéral. Ces confrontations, ces basculements sont visibles sur les photographies, semés de témoins attentifs, parcourus de visiteurs énigmatiques comme ce Landru égaré dans les combles du Comptoir d'Escompte de Paris, surpris (non! conduit là tout exprès) par Durandelle (n° 38).

Chacun de ces photographes a su garder, malgré l'indifférence apparente du sujet, une vision personnelle, transformant les personnages en statues de pierre et géométries de fer, ou magnifiant les cintres d'un pont en apparition champêtre. C'est de ce jeu d'équivoques matérielles où la voûte et le tympan roman se font une seconde jeunesse que naît peut-être un sentiment du sacré et du commémoratif; le moindre édifice y fait figure de cathédrale, de minaret, de stèle, de ziggourat ou de mastaba. Du plus humble tunnel qui agrémente la promenade du rentier avec son chien à la plus extravagante résille d'étais et entretoises qui encombre la vallée, c'est le Grand Œuvre du siècle qui veut être vu sous son plus beau jour, comme, un peu, l'ouvrage d'un seul: le spectateur.

Et le monde ne se satisfait pas encore d'être vu passivement. Il semble réclamer, susciter un regard, inciter au désir de le voir. Pour leur habileté à conjuguer par mimétisme photographie et technologie, certains de ces photographes, et eux seuls en leur temps n'ont-ils pas reçu le privilège insoupçonné d'être choisis par ce monde qui voulait donner de lui-même une certaine image?

Jean Desjours

1. Etablissement de l'ingénieur G. A. Stosius.
Viaduc de Chvojnica en construction,
Tchécoslovaquie, 1885.

Spectaculaire échafaudage de bois
pour l'édification des piles en maçonnerie
et du tablier métallique. L'ensemble
rappelle les ponts américains du Far West.
A.W. de Serres, ing.

2. Anonyme.
Viaduc de la Gascarie sur la ligne
de Carmaux à Rodez, 1897.

Le cintrage en bois est prêt à recevoir
les voûtes en maçonnerie, dont
les clefs déjà posées supportent
une frêle passerelle de liaison.

3. Alphonse Terpereau.
Travaux du viaduc de Garabit sur la ligne
de Marvejols à Neussargues, 1882.

En haut à droite, l'échafaudage
du viaduc d'accès ; au centre sur la culée
voûtée s'amorcent les naissances
de la grande arche tandis que se dresse
déjà l'échafaudage du pylône métallique ;
en bas à gauche, le pont provisoire de service.
G. Eiffel, ing.-constructeur.

4. Cousin.
Cintre du pont Antoinette, Tarn, 1884.

Le cintre en attente de la grande arche
de pierre de 46 mètres. Les culées sont déjà
construites. C'est l'un des plus importants
ponts en maçonnerie en France. Séjourné, ing.

5. Anonyme.
Construction des piles du viaduc
de Daoulas, sur la ligne de Châteaulin
à Landerneau, avant 1865.

Chaque pile en construction est surmontée
d'un échafaudage mobile qui monte
à mesure de l'avancement des travaux.

6. Villard.
Pile du viaduc de Douarnenez,
Finistère, 1883.

L'une des piles destinées
à soutenir un pont métallique
en treillis. Fenoux, ing.

7. Gabriel Blaise.
Travaux provisoires du viaduc
de Villedômer, Indre-et-Loire, après
la guerre de 1870-71.
Solacroup, ing.

8. Anonyme.
Passage inférieur sur la ligne
de Carmaux à Rodez, 1895.
Le Cornec, ing.

9. Anonyme.
Eperon de la tranchée Dallas, sur la ligne
de Carmaux à Rodez, 1899.

Tranchée avec talus à épaulements successifs,
renforcement du talus par bandes de
maçonnerie appareillée. Le Cornec, ing.

10. Anonyme.
Souterrain de Neiz-Vran,
Finistère, avant 1865.

Un grand tunnel sur la ligne
Châteaulin-Landerneau.

11. Anonyme.
Tranchée du Cayrelet, sur la ligne
de Tournemire, Le Vigan, 1889.

Mur de soutènement appareillé avec
voûte d'allègement. Le Cornec, ing.

12. Edouard Baldus.
Entrée de Robinet à Viviers-sur-Rhône,
Ardèche, 1859.

Extrait de l'album "Réseau Sud de la
Compagnie Paris-Lyon-Méditerranée".

13. Anonyme.
Pont de Montmirail, sur la ligne de
Commentry à Gannat, 1866.

Un modeste ponceau en pierre au
surbaissement prononcé. Nordling, ing.

14. Anonyme.
Viaduc de la Gascarie, sur la ligne
de Carmaux à Rodez, 1897.

Trois étapes de la construction du viaduc :
à droite, les piles seules reliées par leur
pont de service ; au centre, les cintres
et les arches en cours de pose ; à gauche,
le viaduc achevé. Le Cornec, ing.

15. Lamazouère.
Tranchée d'Arbouet, sur la ligne de Puyoo
à Saint-Palais, avant 1889.

Des contreforts renforcent d' abrupts
murs de soutènement. A l'arrière-plan
un ponceau en construction. Lemoyne, ing.

16. Gabriel Blaise.
Travaux provisoires du pont de Saint-Côme
sur la Loire, après la guerre de 1870-71.

Au centre, un cintre attend de recevoir
une nouvelle arche en maçonnerie.
Le tablier provisoire est formé
d'une poutre métallique. Solacroup, ing.

17. L. Lafon.
Mise en place par lancement de la
travée métallique du viaduc
de Lessart sur la Rance, 1879.

Photographie montrant la future entrée
du pont qui est poussé d'une seule pièce
d'une rive à l'autre. Pagès et Joly, ing.;
Jolly et Delafoy, constructeurs.

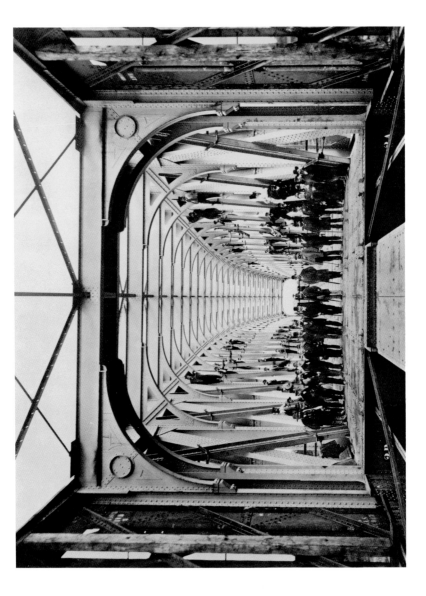

18. Anton Rohrbach.
Construction d'un pont sur la Gran
en Hongrie, 1859.

Deux postes de péage en forme
de tour flanquent l'entrée de ce pont
à treillis multiple. Maniel, ing.

19. Anonyme.
Pont de chemin de fer à Cubzac,
Dordogne, 1886.

L'intérieur de la grande poutre en treillis
de plus de 550 mètres de portée.
Prompt, ing.; Daydé et Pillé, constructeurs.

20. A. Chevojon.
Construction du Grand Palais,
Paris, 1897-1900.

Echafaudage du dôme central, avec les
quatre arêtiers et la couronne inférieure
déjà en place. Girault, Deglane,
Louvet, Thomas, arch.; Daydé et Pillé,
ing.-constructeurs.

21. A. Chevojon.
Construction du Grand Palais,
Paris, 1897-1900.

Montage de la partie supérieure du
dôme; à gauche, un des arêtiers;
à droite, une pièce en cours de levage.

22. A. Chevojon.
Construction du Grand Palais,
Paris, 1897-1900.

La façade d'entrée côté Est vue de
l'intérieur, le promenoir est en place.

23. A. Chevojon.
Construction du Grand Palais,
Paris, 1897-1900.

24. A. Chevojon.
Construction du Grand Palais,
Paris, 1897-1900.

Une des extrémités de la couverture
des ailes principales.
A l'arrière-plan, le dôme central.

25. Charles Marville.
Remontage de la statue de Napoléon 1er
sur la colonne d'Austerlitz,
Place Vendôme, Paris, 1875.

Renversée sous la Commune, la colonne
Vendôme voit ici sa restauration s'achever.
Vue prise vers le nord-ouest.

26. Charles Marville.
Reconstruction de l'Hôtel de Ville de Paris
après l'incendie de la Commune, 1876.

Ballu, Departhes, arch.

27. Pierre Petit.
Construction des piles de la Tour Eiffel,
Paris, 1887.

L'amorce des quatre piliers de la Tour
de trois cent mètres, future Tour Eiffel.
On distingue les échafaudages
en attente, auxquels viendront s'ajouter
ceux supportant le premier étage.
A l'arrière-plan, l'ancien
Palais du Trocadéro construit pour
l'Exposition de 1878.
G. Eiffel, ing.-constructeur; M. Koechlin
et E. Nouguier, ing.; S. Sauvestre, arch.

28. Anonyme.
Construction d'une pile de la Tour Eiffel,
Paris, 1887.

Le départ d'une pile ; les quatre
poutres-caissons sont liaisonnées
par un léger treillis
essentiellement composé de cornières.

29. Durandelle.
Travaux de construction de la Tour Eiffel,
Paris, 1888.

La structure du premier étage avec
au premier plan, un assemblage
caractéristique par plaques rivées.

30. Durandelle.
Travaux de construction de la Tour Eiffel,
Paris, 1888.

Le premier étage est mis en place,
soutenu par des échafaudages de près
de 50 mètres ; des échafaudages
plus petits soutiennent encore les piles.

14 Février 89. N° 28

31. Anonyme.
Travaux de construction de la Tour Eiffel,
Paris, 1888.

Mise en place d'une des grues de montage
utilisées au-dessus de 200 mètres.

32. Durandelle.
Travaux de construction de la Tour Eiffel,
Paris, 1888.

Le démarrage du deuxième étage, monté
en porte-à-faux à l'aide d'échafaudages
mobiles. Le grand arc suspendu
du premier étage n'est pas encore posé.

33. A. Collard.
Arche du pont de Grenelle,
Paris, 1874.

Pont de fonte composé de voussoirs
boulonnés. Les arches sont reliées par des
entretoises de fer. Vaudrey, Pescon, ing.

34. Anonyme.
Restauration du Pont Neuf,
Paris, 1886-1890.

La pile préalablement mise à sec
grâce à un batardeau, est
étayée afin de permettre la reprise
en sous-œuvre. Resal, ing.

35. Durandelle.
Construction du Comptoir d'Escompte,
Paris, 1880.

Avec la Société Générale et le
Crédit Lyonnais, le Comptoir d'Escompte
est une des trois grandes banques
à s'être dotée d'un siège parisien
monumental, dont la verrière donne jour
et magnificence à l'espace interne.
E. Corroyer, arch.

36. Durandelle.
Construction du Comptoir d'Escompte,
Paris, 1881.

La structure de la grande verrière
avant la mise en place des vitraux.

37. Durandelle.
Construction du Comptoir d'Escompte,
Paris, 1881.

L'achèvement de la verrière,
avec la pose du vitrage extérieur.
A l'arrière-plan, l'échafaudage mobile
qui a permis sa construction.

38. Durandelle.
Construction du Comptoir d'Escompte,
Paris, 1881.

L'intérieur de la verrière, avec, en bas,
la face interne garnie de vitraux,
en haut, l'enveloppe externe. Le volume
intermédiaire sert d'écran thermique.

39. Pierre Petit.
La statue de la Liberté en cours
d'exécution, Paris, 1876-81.

Le coffrage en lattis de bois
de la main gauche de la statue
formant l'armature de la
maquette définitive en plâtre ;
le drapé du bras gauche
est déjà visible. Des caissons
en bois modelés sur ce
plâtre serviront de support
pour le repoussage des feuilles
de cuivre de la statue définitive.
F. Bartholdi, sculpteur ; Gaget,
Gauthier et Cie, constructeur.

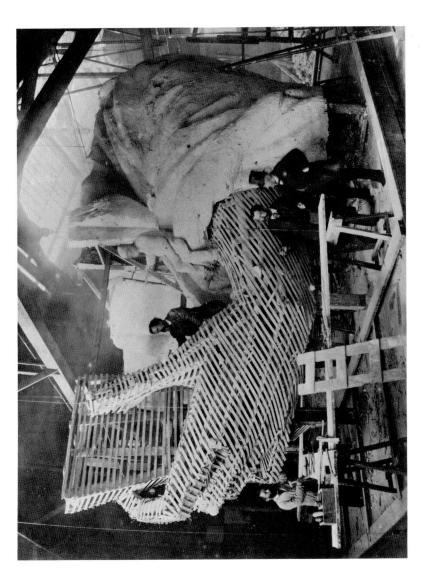

40. Pierre Petit.
Montage provisoire de la statue de
la Liberté, Paris 1876-1881.

Le bras droit n'est pas encore terminé.
M. Koechlin, ing.; G. Eiffel,
constructeur.

41. Pierre Petit.
La statue de la Liberté en cours
d'exécution, Paris 1876-1881.

Les feuilles de cuivre posées sur les
formes en bois sont en cours d'estampage.
A l'arrière-plan, deux maquettes
d'échelles différentes de la statue.

42. Attribué à Pierre Petit.
La statue de la Liberté, Paris,
1876-1881.

Au bout de la rue de Chazelles (17ᵉ),
la statue provisoirement montée.

43. Charles Marville.
Percement du boulevard Henri IV.
Vue de la rue de Sully, Paris, vers 1870.

Vue prise vers le quai des Célestins.
On reconnaît à droite l'hôtel de Fieubet,
à l'angle de la rue du Petit-Musc.

44. Charles Marville.
Percement du boulevard Henri IV,
Paris, vers 1870.

Vue prise vers le sud, avec, au fond,
le point de mire offert
par la coupole du Panthéon.

45. Charles Marville.
Ouverture de l'avenue de l'Opéra,
vue pendant les travaux, 1877.

46. Charles Marville.
Ouverture de l'avenue de l'Opéra, vue
pendant les travaux entre les rues
de l'Echelle et de Saint-Augustin, 1877.

47. Charles Marville.
Carrières de la ville de Paris
à Marcoussis, vers 1860.

Au centre, la machine
à vapeur mobile
actionnant les wagonnets.

49. Charles Marville.
Aménagement du Parc des
Buttes-Chaumont, Paris, vers 1864.

La grande falaise aujourd'hui
dominée par le temple de l'Amour ;
à droite, le pont suspendu.

50. Anonyme.
Pont sur le ruisseau de Fontange,
ligne de Carmaux à Rodez, 1899.

51. Victoire.
Pont sur la ligne PLM de
Collonges à Lyon, avant 1888.

Pont métallique classique à treillis multiple ;
à l'arrière-plan, pont suspendu.
G. Eiffel, constructeur.

Pl. 42
Victoire — Lyon

52. Lamazouère.
Lancement du pont métallique sur la Bidouze,
ligne de Puyoo à Saint-Palais, avant 1889.

Le pont entièrement construit à terre
est poussé dans sa position définitive.
Lemoyne, ing., Joret, constructeur.

53. Anonyme.
Porte du port de Saint-Malo, avant 1890.

Mise en place par flottaison d'une
porte d'écluse, en cours de basculement
en position verticale.

54. A. Collard.
Reconstruction du barrage de
Port-à-l'Anglais à Vitry-sur-Seine, 1870.

Les premiers éléments de la partie
mobile du barrage en cours de mise
en place avec au sol le
dispositif de manœuvre des vannes.

55. R. Benecke.
Pont de Saint-Louis à trois arches
métalliques, Illinois, U.S.A. 1873-1874.

Montage en porte-à-faux des grandes
arches de 150 mètres. C'est un des
premiers grands ponts en acier
construits aux Etats-Unis. J. Eads, ing.

56. Emmanuel Mangel du Mesnil.
Pont tournant de Brest, 1859-1861.

Deux travées indépendantes en porte-à-faux
tournent autour de tambours cylindriques
verticaux, de façon à laisser passer
les bateaux. Ici, une des travées
en cours d'achèvement, en position ouverte
pour permettre la construction d'un
échafaudage sur le quai. A. Oudry, ing.

57. Attribué à F. de Mauny.
Pont du barrage de Meulan-Mezy,
Seine-et-Oise, 1885.

58. Gustave.
Travaux de construction du port
d'Anvers, vers 1880.

Structure métallique de l'embarcadère
flottant. Les deux caissons formeront
après immersion le support mobile
du nouveau quai. Planchat, ing.

59. Gustave.
Grand embarcadère flottant
d'Anvers, vers 1880.

Un pont métallique articulé
suit les mouvements verticaux
de l'embarcadère en fonction
de la marée. Rousseau, ing.

60. Gustave.
Nouvel embarcadère flottant
Anvers, vers 1880.

Pont métallique articulé appuyé à
l'embarcadère. Rousseau, ing.

61. Anonyme.
Phare des Roches-Douvres,
entre Brehat et Guernesey, avant 1876.

Un des premiers phares métalliques.
Une ossature intérieure en fer supporte
une enveloppe en tôle. Ce phare a été
présenté à l'Exposition Universelle de 1867,
avant d'occuper sa position définitive.
Léonce Reynaud, ing.

62. Anonyme.
Port de commerce de Brest,
vers 1874.

Petit phare métallique.

63. Martinez Sanchez.
Phare de la Pointe de la Baña en
Espagne, avant 1867.

Phare métallique sur pieux vissés
dans le sable. Le logement du gardien
est à la base de la tour du phare.

64. F. de Mauny.
Port de Boulogne, vue de la digue, 1888.
Monmerque, ing.

NOTICES BIOGRAPHIQUES

Les photographes qui furent les témoins visuels de la transformation du territoire par les ingénieurs au cours de la seconde moitié du XIXe siècle, sont restés pour la plupart anonymes ou peu connus, faute sans doute d'études à ce sujet. Certains photographes ont su adopter pour ces travaux de commande, une vision personnelle et contribuer ainsi à la formation du langage photographique et au développement de la technique du collodion. En France, dans les années 1850-70, on retient les noms de Baldus, Collard, Durandelle, Marville, Petit et Terpereau.

Edouard-Denis Baldus
Grunebach 1813 – Vers 1890.

Installé à Paris en 1838, Baldus commence une carrière de peintre jugée médiocre, avant de se consacrer en 1848 à la photographie. Son importante production se compose à la fois de monuments et de paysages. Membre fondateur de la Société Héliographique en 1851, il fait partie aussi cette même année de la Mission Héliographique créée par la Commission des Monuments historiques et chargée de constituer une documentation sur le patrimoine. Baldus est certainement un des premiers, avec Collard, à prendre ses sujets dans le domaine de la technique. Il réalisera deux reportages sur le chemin de fer composés des vues de monuments, gares ou ponts qui jalonnent l'itinéraire de la voie ferrée: l'album *Chemin de fer du Nord. Ligne de Paris à Boulogne* (réalisé pour la venue de la Reine Victoria en 1855) et *Chemins de fer de Paris à Lyon et à la Méditerranée* (1859). Atelier: 25 puis 17 rue d'Assas, Paris.

A. Collard
Avant 1840 – Après 1887.

Collard qui ajoutait à sa signature le titre de "Photographe des Ponts et Chaussées" est connu pour avoir réalisé de nombreux albums sur les travaux publics, conçus sous la forme de reportages montrant l'évolution de différents chantiers entrepris à Paris: *Le Pont Saint-Michel* (1857); *Le Pont de Solférino* (1859); *Le Pont au Change; Le Pont de l'Alma* (1858-1860); *Le Pont Louis-Philippe et le Pont Saint-Louis* (1860-1862); *Le Pont de Bercy* (1863-1864). Aux environs et à l'extérieur de Paris: *Le Chemin de Fer de Genève. Dérivation de la Dhuis et de la Vanne* (1869-1873); *Le Pont-viaduc sur la Seine au Point du Jour* (1868).
Atelier: 53 puis 39 boulevard de Strasbourg, Paris.

Durandelle

L'activité de Durandelle est étroitement associée à celle de Delmaet, avec qui il a travaillé en ses débuts au moins à partir de 1866 et sans que l'on connaisse précisément l'apport effectif de chacun d'eux. Ils ont contribué à établir une importante documentation sur les transformations de Paris sous le Second Empire et notamment sur la construction de l'Opéra réalisé par Charles Garnier et terminé en 1875. Les perspectives fuyantes et la mise en place géométrique créent une esthétique où tous les éléments liés au monde de la construction, en particulier les échafaudages, deviennent des prétextes à construire l'image.

Album de Delmaet et Durandelle: *L'Opéra de Paris (vers 1874)*. Albums de Durandelle: *Eglise du Sacré-Cœur à Montmartre* (1877-1882); *Substructions du Louvre, fouilles de 1882-1883; Ouvrages exécutés par Daydé et Pillé, Constructions métalliques* (vers 1880); *Ouvrages d'art de la ligne Montauban à Brive et autres* (1884); *Construction du Comptoir d'Escompte* (1880-1881); *Travaux de construction de la Tour Eiffel* (1888-89).

Charles Marville
1816 – Vers 1879 Paris.

Graveur peintre et illustrateur, Marville collabore à diverses publications avant de commencer en 1851 une carrière de photographe. Ses premiers calotypes de paysages et d'architecture sont publiés par l'imprimeur-éditeur Louis-Désiré Blanquart-Evrard. Entre 1853 et 1879, il se met au service de l'Administration sous le titre de "Photographe du musée impérial du Louvre, de la ville de Paris, de S.M. Victor Emmanuel...". La réputation de Marville repose sur un exceptionnel ensemble de photographies (négatifs sur verre), consacré à Paris et précédant celui d'Atget (Musée Carnavalet, Bibliothèque historique de la Ville de Paris). Il montre une investigation presque systématique de Paris à l'époque d'Haussmann; rues médiévales, constructions anciennes amenées à disparaître, mais aussi percements de nouveaux boulevards, implantations d'arbres, installations de statues, créations de nouveaux parcs et des séries de lampes, kiosques ou édicules. Le choix des points de vue essayant de suggérer le tracé sinueux d'une rue ou la perspective d'une percée, s'explique peut-être par l'intention de donner un témoignage photographique du projet haussmannien et des métamorphoses successives du paysage urbain. Atelier: 14 rue du Dragon; 27 rue Saint-Dominique; 6 rue de la Grande-Chaumière; 86 boulevard Saint-Jacques; 11, puis 75 rue d'Enfer; 75 rue Denfert-Rochereau, Paris.

Pierre Petit
Aups 1832 – Après 1900.

Pierre Petit apprend le métier de photographe chez Disdéri avant d'ouvrir un des studios les plus prospères de Paris. Nommé photographe officiel de l'Exposition Universelle de 1867, dont il exécutera quelques 12.000 clichés; il suivra les différentes étapes de la construction de la statue de la Liberté d'Auguste Bartholdi entre 1876 et 1881. Il est également l'auteur de photographies des travaux de construction de la Tour Eiffel. Atelier: 31, puis plusieurs numéros de la place Cadet; puis 122 rue La Fayette, Paris.

Alphonse Terpereau

Ce photographe débute en 1863 et sera attaché à la Compagnie des Chemins de Fer du Midi comme opérateur. Il photographie en particulier autour de 1882 la construction du viaduc de Garabit de l'ingénieur Gustave Eiffel et réalise des albums sur les sujets suivants: *Ouvrages de la Compagnie d'Orléans; Bassin à flot de Bordeaux; Fondation de la grande et de la petite écluse; Amélioration de la Gironde au bec d'Ambes.*

LEXIQUE

Arêtier: élément de charpente qui constitue la partie saillante de la couverture d'un bâtiment.

Batardeau: digue permettant l'assèchement temporaire d'un endroit où l'on veut exécuter des travaux.

Cintre: ouvrage de charpente servant à supporter, pendant la construction, un arc en maçonnerie ou béton.

Culée: ouvrage servant d'appui à chaque extrêmité d'un pont ou d'un viaduc.

Entretoise: pièce réunissant transversalement les poutres principales ou arches d'un pont métallique.

Lancement d'un pont métallique: méthode de mise en place d'un pont par poussage du tablier préalablement construit à terre.

Montage en porte-à-faux: mise en place d'un pont par construction progressive en saillie hors de l'aplomb des éléments porteurs.

Ponceau: petit pont comportant une seule arche ou une seule travée.

Tablier: la partie horizontale d'un pont, qui reçoit les charges roulantes.

Treillis: structure d'une poutre constituée d'un réseau triangulé de barres.

Voussoir: élément d'une arche en pierre ou en fonte.

CREDITS PHOTOGRAPHIES

Ecole Nationale des Ponts et Chaussées:
couverture, nᵒ 1-24, 33, 34, 47, 50-64.
Bibliothèque Historique de la Ville de Paris:
nᵒ 25, 26, 35-38, 43-46, 48, 49.
Musée d'Orsay, Paris: nᵒ 27-32.
Musée Bartholdi, Colmar: nᵒ 39.
New York Public Library, New York: nᵒ 41.
Société Miege et Buhler: nᵒ 40, 42.

Cet ouvrage, le onzième de la collection Photo Poche
dirigée par Robert Delpire, a été réalisé avec la collaboration de
Françoise Sadoux et Claude Geiss.
Le secrétariat de rédaction a été assuré par
Michel Frizot et Françoise Ducros.

Achevé d'imprimer le 12 janvier 1984
sur les presses de l'Imprimerie Blanchard.